Dein Abenteuer als Seefahrer

Lesen und Erleben

TESSLOFF

Inhalt

Dein Auftrag

Gewürze

Wir schreiben das Jahr 1593. Der König von Portugal hat dich zu sich befohlen. Jedes Jahr schickt er eine Flotte riesiger Handelsschiffe in die portugiesischen Kolonien in Indien. Hier werden die Schiffe mit Pfeffer und Luxusgütern, wie zum Beispiel Seide und Gewürzen, beladen, um sie nach Europa zu bringen und mit großem Gewinn zu verkaufen.

Der König will, dass du diese Handelsflotte auf ihrem Weg von der portugiesischen Hauptstadt Lissabon bis zum Hafen von Goa in Indien als Kommandant befehligst. Das ist eine große Ehre, aber die Seereise ist lang und sehr gefährlich.

Einige Hilfsmittel zur Navigation

Dein Schiff, das die Flotte anführen wird, ist gerade neu gebaut worden. Es wartet im Hafen von Lissabon darauf, die Segel zu setzen und in See zu stechen. Es ist ein sehr großes Schiff, das Karacke oder Nau genannt wird und eigens so gebaut ist, dass es so viel Ladung wie möglich aufnehmen kann. Deine Aufgabe ist es, Matrosen, Proviant und andere Vorräte für diese lange Reise zu besorgen.

Was tun, wenn das Schiff zu sinken droht?

Du musst Tausende von Kilometern über zwei Weltmeere navigieren, Stürme überstehen und vielleicht sogar gegen Piraten kämpfen. Außerdem musst du dafür sorgen, dass es deiner Mannschaft und deinen Passagieren gut geht. Und schließlich musst du gut verhandeln, wenn du für den König die kostbaren Gewürze einkaufst. Das ist eine gewaltige Aufgabe, die von dir eine außergewöhnliche Leistung als Seefahrer verlangt. Bist du dazu bereit?

„Macht die Segel fest!"

Der Seeweg nach Indien

Der Seeweg von Europa nach Indien ist lang und gefährlich. Du musst das offene Meer überqueren und deine Schiffe durch die stürmische See an der Südspitze Afrikas steuern. Deshalb solltest du den Zeitpunkt deiner Reise so wählen, dass du schlechtes Wetter meidest und Meeresströmungen und Winde ausnutzen kannst, die dich schneller voranbringen. Achte darauf, dass du die kürzeste und sicherste Route wählst, und nimm dich vor Piraten in Acht: Sie sind eine echte Gefahr für deine Schiffe. Außer diesen gesetzlosen Seeräubern gibt es auch noch die Freibeuter auf ihren Kaperschiffen. Das sind holländische oder englische Seefahrer, die von ihrem Herrscher ermächtigt wurden, Schiffe aus anderen Ländern zu überfallen und ihnen ihre kostbare Fracht zu rauben.

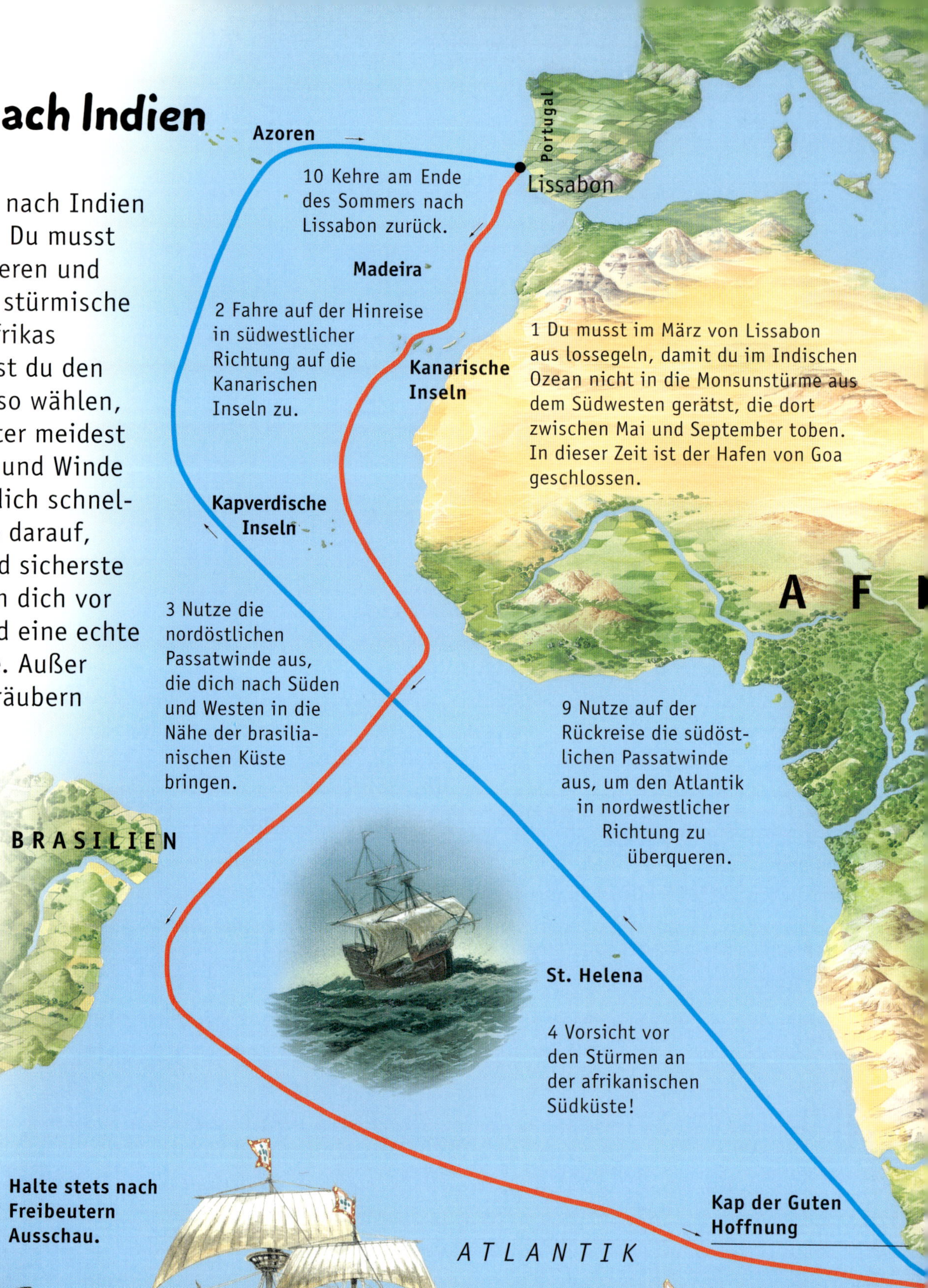

Halte stets nach Freibeutern Ausschau.

LEGENDE:

Hinreise

Rückreise

Du solltest auf der Hinreise nach Möglichkeit nirgendwo anlegen, denn das verzögert deine Reise. Wenn du aber Vorräte aufnehmen oder Reparaturen ausführen musst, gehe in Mosambik an der Ostküste von Afrika vor Anker. Auf der Rückreise kannst du auf St. Helena oder den Azoren einen Zwischenstopp einlegen.

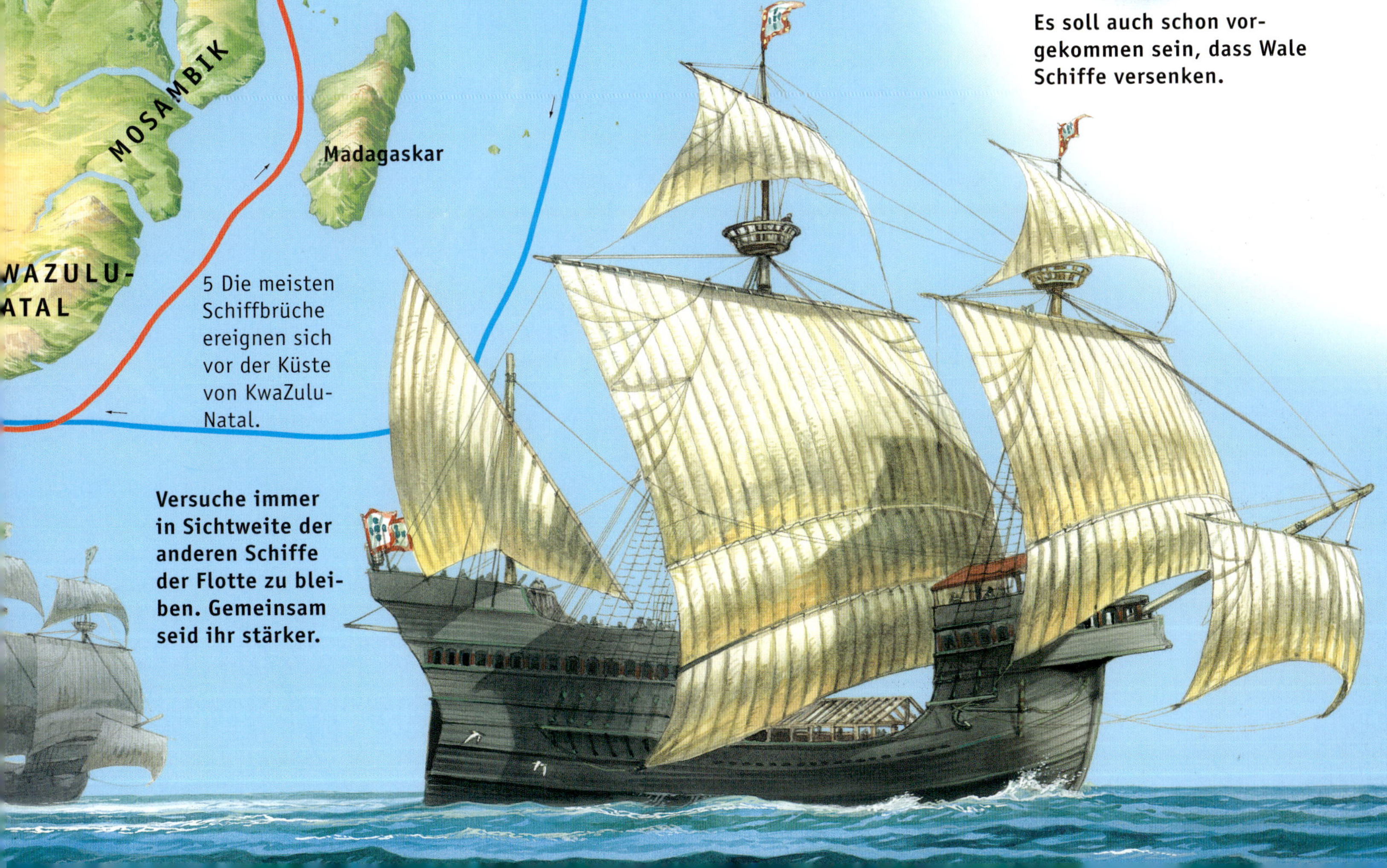

Versuche immer in Sichtweite der anderen Schiffe der Flotte zu bleiben. Gemeinsam seid ihr stärker.

Es soll auch schon vorgekommen sein, dass Wale Schiffe versenken.

Vorbereitungen

Das ist dein Schiff – das Flaggschiff der Flotte. Es ist gerade neu gebaut worden, und du musst es für die Reise ausrüsten. Dazu musst du das Beladen überwachen, die Passagiere begrüßen, das Schiff gründlich kontrollieren und die Mannschaft überprüfen. Die Mannschaft ist für den Erfolg deiner Unternehmung besonders wichtig. Heuere zuerst die Offiziere an, zum Beispiel den Kapitän und den Bootsmann, damit sie dir bei den Vorbereitungen helfen können.

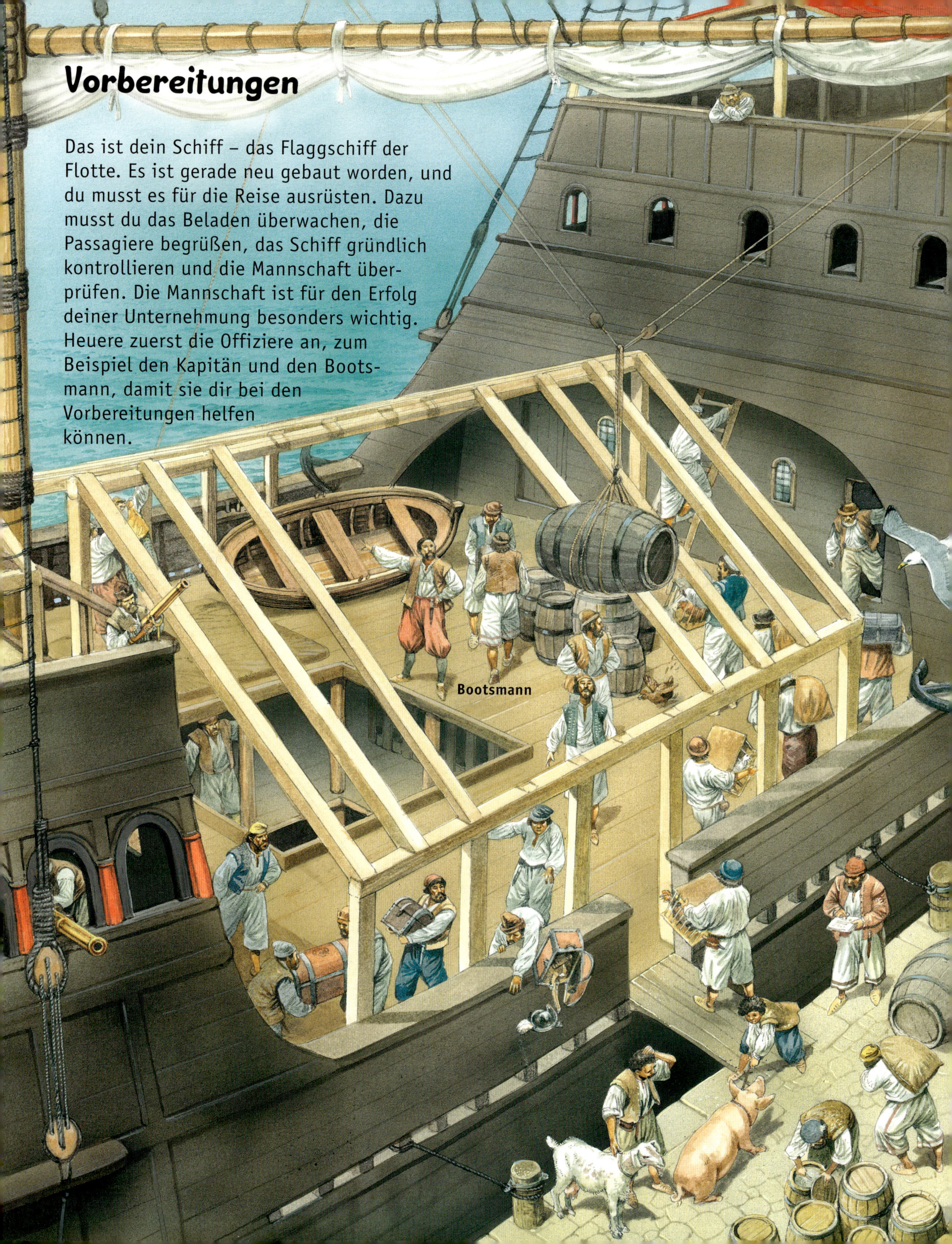

Du solltest Offiziere anheuern, die du schon kennst und denen du vertraust, oder die dir jemand empfohlen hat. Der Kapitän kann dann die Vollmatrosen (erfahrene Matrosen), die Leichtmatrosen (junge Männer mit wenig Erfahrung) und die Schiffsjungen anheuern. Bevor ihr losfahrt, achtet der Bootsmann darauf, dass alle Taue und Segel gründlich überprüft wurden und dass ihr genug Ersatzteile und Reserven für Reparaturen während der Reise an Bord habt. Vergiss auch nicht, deinem Stückmeister zu befehlen, alle Kanonen, die Munition und das Schießpulver an Bord zu kontrollieren. Denn es besteht immer die Gefahr, dass ihr auf hoher See von Piraten überfallen werdet und euch wehren müsst.

Ganz besonders wichtig ist euer Proviant: Für die Reise brauchst du 60 000 Kilo Schiffszwieback, 200 Kilo Weizen, 15 000 Kilo Pökel- und Rauchfleisch, 2 000 Kilo Trocken- oder Salzfisch, 50 Liter Öl, 10 000 Kilo Zwiebeln, Knoblauch, Käse, Butter, Trockenfrüchte, Honig, Zucker und Reis, 50 000 Liter Wein und 100 000 Liter Trinkwasser, dazu lebende Ziegen, Schweine und Hühner. Deine Passagiere, die nach Indien mitreisen, um dort ihr Glück zu versuchen, bringen ihren eigenen Proviant mit.

Passagiere und Mannschaft

Du wirst mindestens 400 Leute an Bord haben, angefangen bei den Soldaten und Passagieren bis hin zu deiner Mannschaft und den Dienstboten. Der Hauptmann der Soldaten ist für die 250 Bewaffneten verantwortlich, während du die Verantwortung für die Passagiere und die Mannschaft hast. Deinem Befehl unterstehen einige wichtige Offiziere. Der ranghöchste ist der Kapitän. Er kommt gleich nach dir, dem Kommandanten, beaufsichtigt die Mannschaft und ist für den Alltag an Bord zuständig.

Der Steuermann ist für die gesamte Navigation zuständig. Er wechselt sich mit dem Untersteuermann ab, sodass rund um die Uhr einer von beiden auf Deck seinen Dienst versieht. Der Steuermann ist außerdem für die Segel und die Takelage verantwortlich und überwacht die Männer, die auf dem Hinterschiff arbeiten. Sein Stellvertreter beaufsichtigt die Arbeiten auf dem Vorderschiff.

(Die Stützen sind auf dem Bild ausgeschnitten, damit das Deck zu sehen ist.)

Ausgebildete Zimmerleute und Küfer sind wichtige Mitglieder deiner Mannschaft. Der Zimmermann und seine Lehrlinge besorgen alle laufenden Reparaturen am Schiff. Der Küfer sorgt dafür, dass die Fässer, in denen das Essen, der Wein und das Wasser aufbewahrt werden, in Ordnung sind und keine Löcher haben. Wenn der Küfer seine Arbeit nicht ordentlich macht, besteht die Gefahr, dass ihr wertvollen Proviant verliert, wenn Essen schlecht wird oder Wein und Wasser verderben. Das kann dazu führen, dass die Menschen an Bord unnötig hungern müssen, krank werden oder sogar sterben.

Auf der Reise brauchst du auch einen Schiffsarzt. Er sorgt dafür, dass deine Mannschaft gesund bleibt, und führt Operationen durch. Zum Beispiel entfernt er Gliedmaßen, vernäht Wunden oder schient gebrochene Knochen. Achte darauf, dass dein Schiffsarzt einen guten Ruf hat und eine voll ausgestattete Schiffsapotheke mitbringt.

Dein Schreiber hilft dir, auf der Seereise die Geschäfte zu führen. Er führt Buch über den Proviant und alle anderen Vorräte und überwacht in Indien das Ein- und Ausladen der Fracht. Er zeichnet auch alle Strafen auf, die du vielleicht verhängst, und ebenso alle Todesfälle, die sich während der Reise ereignen.

Matrosen vertreiben sich mit Tanzen ihre freie Zeit.

Die Aufgaben der Vollmatrosen, Leichtmatrosen und Schiffsjungen reichen vom Setzen der Segel bis hin zum Deckschrubben und Lenzpumpen. Der Schiffsgeistliche kümmert sich um die Schiffsjungen und unterrichtet sie. Er liest auch täglich Messen für alle Menschen an Bord. Zu deinen Passagieren gehören Kaufleute, Edelmänner und Priester. Die wenigen Frauen an Bord sind hauptsächlich Dienstmägde und die Ehefrauen von Passagieren.

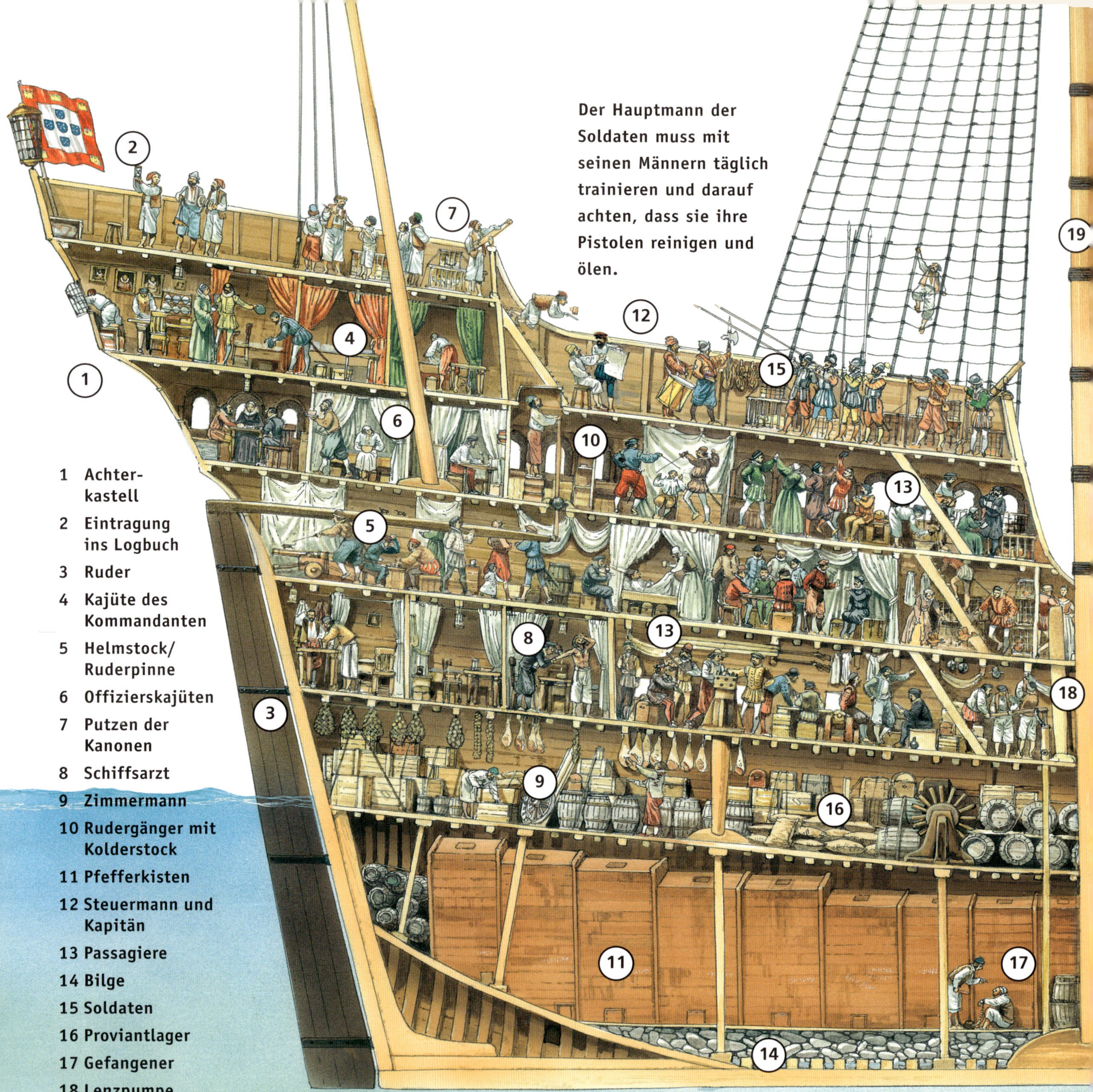

Der Hauptmann der Soldaten muss mit seinen Männern täglich trainieren und darauf achten, dass sie ihre Pistolen reinigen und ölen.

1 Achterkastell
2 Eintragung ins Logbuch
3 Ruder
4 Kajüte des Kommandanten
5 Helmstock/ Ruderpinne
6 Offizierskajüten
7 Putzen der Kanonen
8 Schiffsarzt
9 Zimmermann
10 Rudergänger mit Kolderstock
11 Pfefferkisten
12 Steuermann und Kapitän
13 Passagiere
14 Bilge
15 Soldaten
16 Proviantlager
17 Gefangener
18 Lenzpumpe
19 Großmast
20 Herd
21 Wasserfässer
22 Mannschaft
23 Pulverlager
24 Stützen für Überdachung
25 Kapelle
26 Leichtmatrosen und Schiffsjungen
27 Schiffsmannschaft und Soldaten
28 Küfer
29 Kornlager
30 Fockmast
31 Ersatzsegel
32 Vorderkastell
33 Ersatztaue

Einen großen Teil des Platzes im Laderaum nehmen die Kisten ein, in denen später lose Pfefferkörner aufbewahrt werden – deine Hauptfracht auf der Rückreise von Indien. Der Rest des Laderaums ist mit anderen Waren und mit Proviant gefüllt. Auf dem Rückweg nach Portugal wird jeder mögliche Kubikzentimeter mit Gewürzen, Seide und anderen Luxusgütern vollgepackt sein.

Lerne dein Schiff kennen

Dein Schiff ist zwar sehr groß, aber trotzdem geht es eng zu, weil so viele Menschen an Bord sind. Du und deine Offiziere, ihr habt eure eigenen Kajüten in den Vorder- und Achterkastellen, den erhöhten Aufbauten vorne und hinten im Schiff. Die reichen Passagiere haben ebenfalls eigene Unterkünfte im Heck. Gewöhnliche Matrosen, Soldaten und Bedienstete müssen auf den unteren Decks selbst einen Platz für sich und ihre Habseligkeiten suchen.

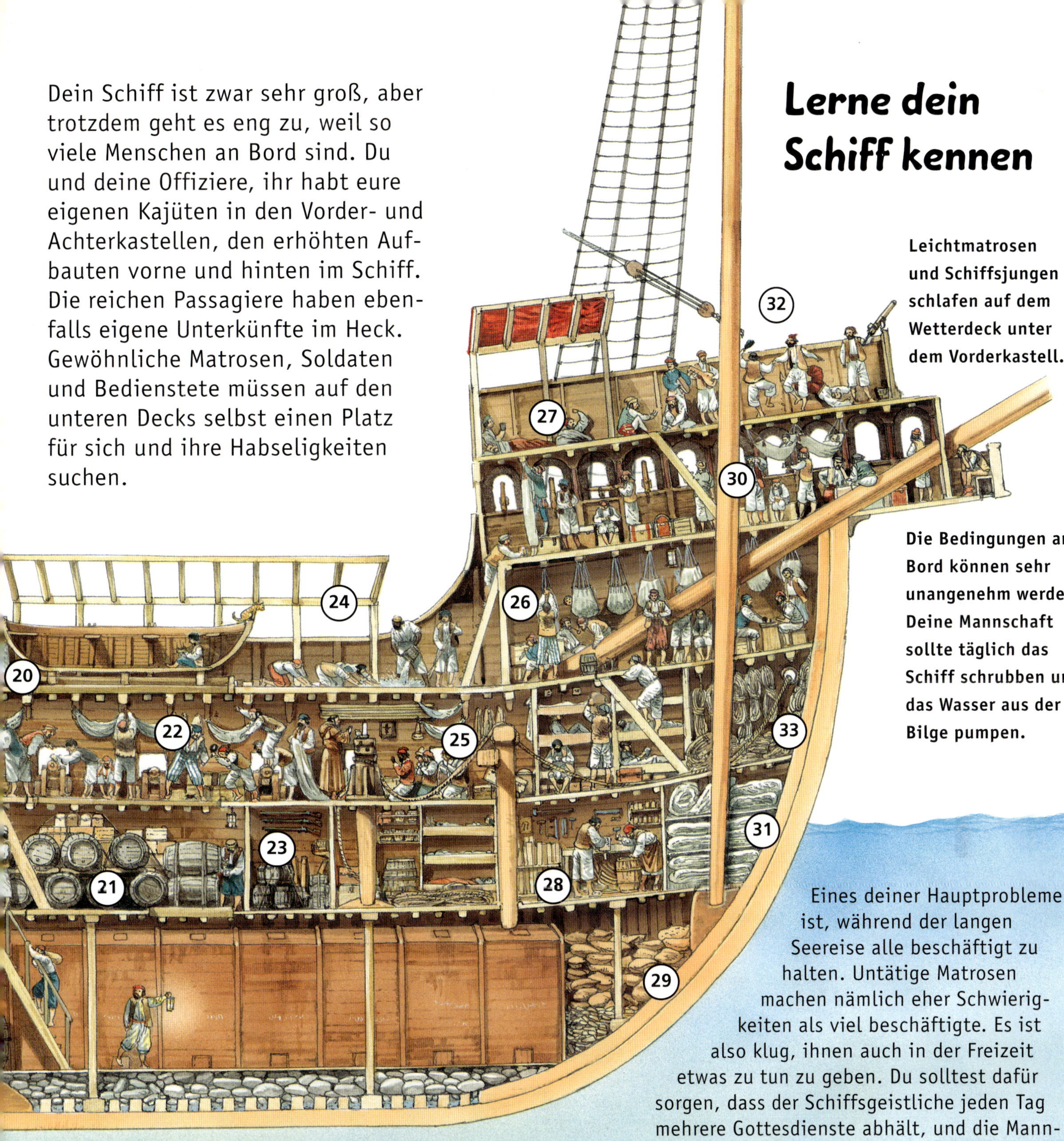

Leichtmatrosen und Schiffsjungen schlafen auf dem Wetterdeck unter dem Vorderkastell.

Die Bedingungen an Bord können sehr unangenehm werden. Deine Mannschaft sollte täglich das Schiff schrubben und das Wasser aus der Bilge pumpen.

Eines deiner Hauptprobleme ist, während der langen Seereise alle beschäftigt zu halten. Untätige Matrosen machen nämlich eher Schwierigkeiten als viel beschäftigte. Es ist also klug, ihnen auch in der Freizeit etwas zu tun zu geben. Du solltest dafür sorgen, dass der Schiffsgeistliche jeden Tag mehrere Gottesdienste abhält, und die Mannschaft auch dazu ermutigen, sich gegenseitig mit Musik und Tanz zu unterhalten. Wer besondere Fertigkeiten hat und zum Beispiel Wetterzeichen lesen oder Kanonen bedienen kann, der sollte dies den anderen Mitgliedern der Mannschaft und auch den interessierten Passagieren beibringen. Auf keinen Fall darfst du Glücksspiele und Kartenspiele erlauben, denn dabei können sich leicht gewalttätige Streitereien ergeben.

Oft werden Leute an Bord seekrank. Ermutige alle, die von der Seekrankheit betroffen sind, sich viel an der frischen Luft zu bewegen und so lange auf dem Deck auf und ab zu laufen, bis sie sich an die Schiffsbewegungen gewöhnt haben. Skorbut ist eine andere häufig auftretende Krankheit – sie führt zu Blutungen im Mund und zu Pusteln. Besonders bei längeren Seereisen ist Skorbut ein großes Problem.

Wie du dein Schiff in Ordnung hältst

Jeden Sonntagmorgen vor dem Gebet müssen alle Oberdecks geschrubbt werden. Ein Sandsteinklotz, den man Scheuerstein oder „Gebetbuch" nennt, hilft, den Schmutz abzukratzen. Außerdem musst du die Ritzen zwischen den Planken regelmäßig versiegeln lassen, damit kein Wasser eindringt. Dazu sollten deine Matrosen ein Kalfatereisen benutzen, mit dem sie die mit Teer getränkten Taue zwischen die Planken schieben.

Das Deck wird mit dem Scheuerstein geschrubbt.

Kalfatern: das Versiegeln der Ritzen zwischen den Planken

Fetthorn mit Talg

Segelmacherhandschuh

Der Segelmacher ist ein weiteres wichtiges Mitglied deiner Mannschaft. Segel reißen oft, und dann muss er sie flicken oder neue machen. Er benutzt dazu einen Segelmacherhandschuh, ein dickes Stück Leder, das er sich um die Hand wickelt, damit er die Nadel durch das Segeltuch schieben kann. Beachte das Fetthorn mit Talg (Tierfett), in dem er seine Nadeln aufbewahrt, damit sie nicht rosten.

Achte darauf, dass der Stückmeister die Kanonen regelmäßig überprüft und putzen lässt, denn es kann jederzeit passieren, dass du sie einsetzen musst. Es ist auch eine gute Idee, regelmäßig Schießübungen abzuhalten. Dein Stückmeister soll dafür sorgen, dass alle Matrosen wissen, wie man die Kanonen lädt und abfeuert. Auch Einzelheiten sollten dabei nicht übersehen werden, zum Beispiel wie man eine Kugellehre benutzt, mit der man überprüft, ob eine Kanonenkugel in den Lauf der Kanone passt.

Benutzen der Kugellehre

Achtung: Auf dem Batteriedeck sind Würfelspiele bei Strafe verboten!

Pulverfass

Auch das Kochen an Bord muss genau geregelt sein. Wenn du zwei Herde hast, dann teile einen den Soldaten und den anderen den Passagieren und der Mannschaft zu. Lege bestimmte Zeiten für das Kochen fest, und bestimme genau, wer wann Zugang zum Herd hat – Passagiere und Offiziere (oder ihre Bediensteten) zuerst und dann die Mannschaft, die Leichtmatrosen und die Schiffsjungen.

Offiziere beim Essen

Die Herde sollten gekachelte oder aus Metall gearbeitete Kisten sein, die man in Sand stellt, um die Gefahr zu verringern, dass fliegende Funken ein Feuer verursachen. Du darfst auf keinen Fall erlauben, dass bei rauer See offenes Feuer gemacht wird. Stelle auch sicher, dass immer ein paar Eimer mit Wasser zur Hand sind, damit Brände sofort gelöscht werden können. Der Schreiber soll jeden Tag die Tagesration ausgeben. Am besten schlägst du den Passagieren vor, dass je einer für mehrere Leute kocht, damit sich nicht zu viele Menschen um den Herd drängeln. So könnten zum Beispiel mehrere Beutel mit Essen gleichzeitig in kochendem Wasser gegart werden.

Navigieren

Eine der größten Herausforderungen auf deiner Seereise ist es, den richtigen Weg über Tausende von Kilometern über das Meer zu finden. Dazu musst du dich beinahe ausschließlich auf deinen Steuermann verlassen, weshalb du versuchen solltest, den allerbesten Mann für diese Aufgabe anzuheuern. Er muss eure Position, Geschwindigkeit und Fahrtrichtung bestimmen. Dann gibt er dem Rudergänger (der das Schiff steuert) und dem Bootsmann die Befehle, wie sie das Ruder und die Segel verändern sollen, damit ihr auf Kurs bleibt. Der Steuermann benutzt dazu verschiedene Instrumente und Techniken, die ihm helfen.

Der Kompass ist das wichtigste Navigationsinstrument des Steuermanns. Die Magnetnadel zeigt immer nach Norden, und so kann er stets eure Fahrtrichtung bestimmen. Die Zeit wird mit Sanduhren gemessen, die man immer wieder umdreht. Seekarten sind wichtig, weil man darauf die Position des Schiffs einzeichnen und Entfernungen ausrechnen kann.

Um den Breitengrad eures Schiffs zu bestimmen – den Abstand, den es nach Norden oder Süden zum Äquator hat – benutzt dein Steuermann einen Kreuzstab oder Jakobsstab, mit dem er mittags die Sonnenhöhe misst. Sie ändert sich nämlich je nach geografischer Breite, und der Steuermann kann aus dieser Messung, die er von einer Maßeinteilung auf dem Kreuzstab abliest, berechnen, wie weit nördlich oder südlich vom Äquator ihr seid.

Nachts kann dein Steuermann mit einem Astrolabium den Breitengrad bestimmen, indem er die Entfernung zwischen dem Polarstern, seinem Auge und dem Horizont misst. Er dreht den Zeiger auf dem Astrolabium, bis er in einer Linie mit dem Stern ist, und liest dann den Winkel ab, den der Zeiger mit dem Außenrand des Instruments bildet. Leider ist es weitaus schwieriger, den Längengrad zu messen – das heißt, wie weit östlich oder westlich ihr seid. Am besten schreibt ihr dazu während der Reise immer genau auf, wie schnell ihr in welche Richtung gesegelt seid.

Um die Geschwindigkeit des Schiffs herauszufinden, wird eine mit einem Gewicht, dem Logscheit, beschwerte Logleine über das Heck heruntergelassen. Auf dieser Leine befinden sich in regelmäßigen Abständen Knoten. Mit der Sanduhr messt ihr eine Minute und zählt die Knoten, die ihr in dieser Zeit abspult. Wenn ihr diese Anzahl mit 60 multipliziert, erhaltet ihr die Geschwindigkeit des Schiffs in Knoten pro Stunde.

Wenn ihr näher am Land segelt, müsst ihr auch immer die Wassertiefe messen, damit ihr nicht auf Grund lauft. Mithilfe eines Bleigewichts, das an einer markierten Leine hängt, dem Lot, könnt ihr die Wassertiefe ablesen. Klebriger Talg am Ende des Bleigewichts bringt Schlamm vom Meeresboden mit herauf. An der Beschaffenheit des Schlamms kann ein geübter Navigator ebenfalls ablesen, wie nah das Schiff der Küste ist.

Wie du dein Schiff segelst

Du musst dein Schiff auch durch Unwetter und raue See steuern und kannst dazu nur die Kraft des Windes nutzen. Deine Mannschaft, besonders der Kapitän, der Bootsmann und der Rudergänger, muss die Fertigkeit besitzen, die Segel so zu setzen, dass ihr den Wind stets am besten ausnutzt und einen sicheren Kurs durch gefährliche Gewässer steuert. Dein Schiff hat drei Masten, zwei mit rechteckigen Segeln und einen mit einem dreieckigen Segel, dem Lateinsegel.

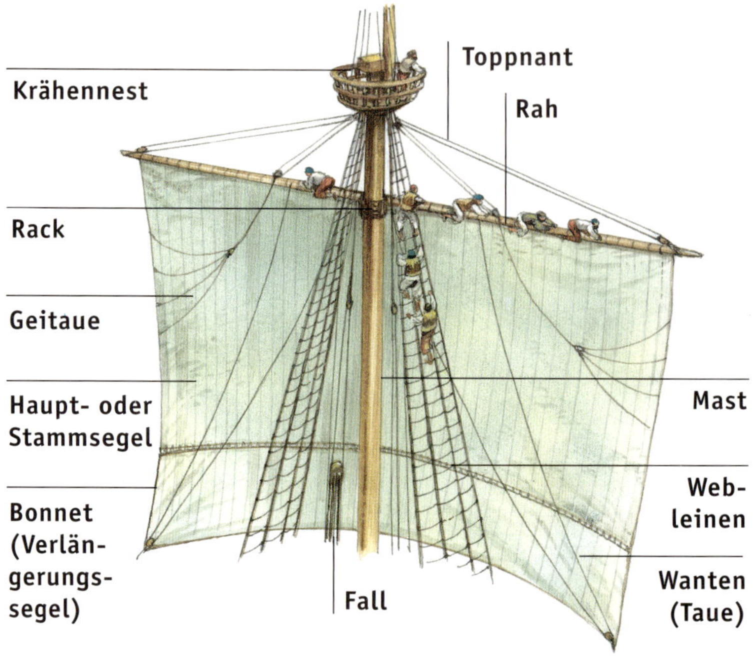

Die Segel und die Taue, mit denen die Segel bewegt und gehalten werden, nennt man die Takelage. Ein Segel wird über eine horizontale Rah waagrecht am Mast befestigt, die von Toppnants in Position gehalten wird. Es wird mit einem sogenannten Fall, einem Hebemechanismus, gehisst. Geitaue halten das Segel um die Rah gebündelt, wenn es aufgerollt ist. Die Matrosen klettern auf Strickleitern, die man auch Webleinen nennt, in der Takelage auf und ab.

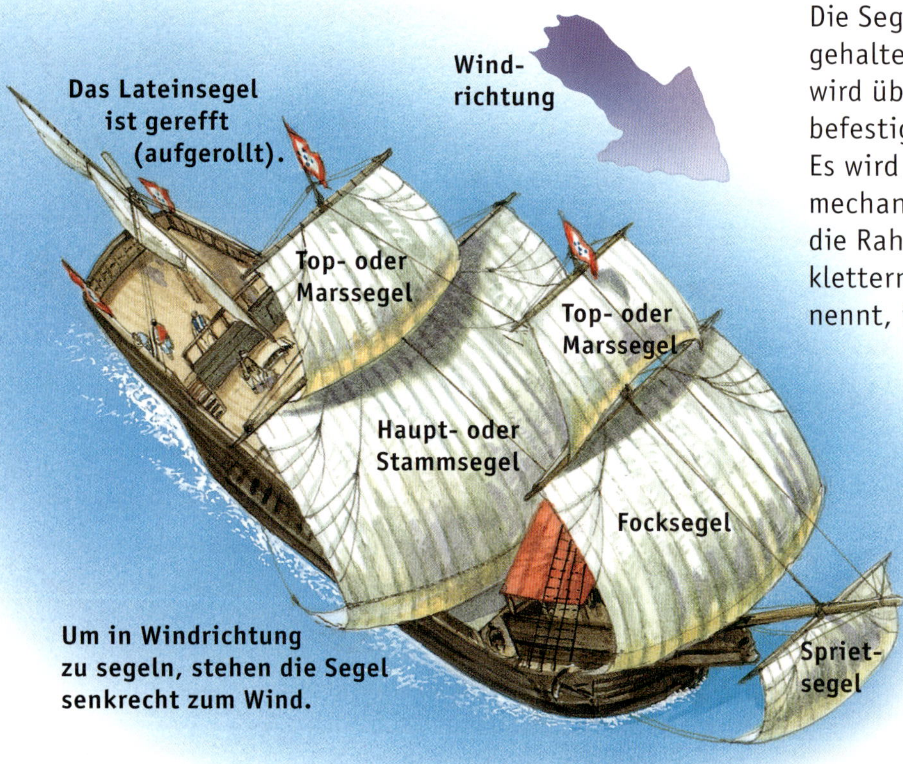

Um in Windrichtung zu segeln, stehen die Segel senkrecht zum Wind.

Um die Richtung zu ändern, musst du den Winkel der rechteckigen Segel anpassen und das Lateinsegel losmachen, um den Wind so einzufangen, dass das Schiff sich dreht.

Um bei gleichbleibender Windrichtung die Richtung zu ändern oder um den Kurs zu halten, wenn sich der Wind dreht, müsst ihr die Position der Segel anpassen. Die Rahen, an denen die Segel hängen, sind mit einem Drehmechanismus, dem Rack, am Mast befestigt. So können die Rahen, und damit die Segel, in die gewünschte Position gebracht werden.

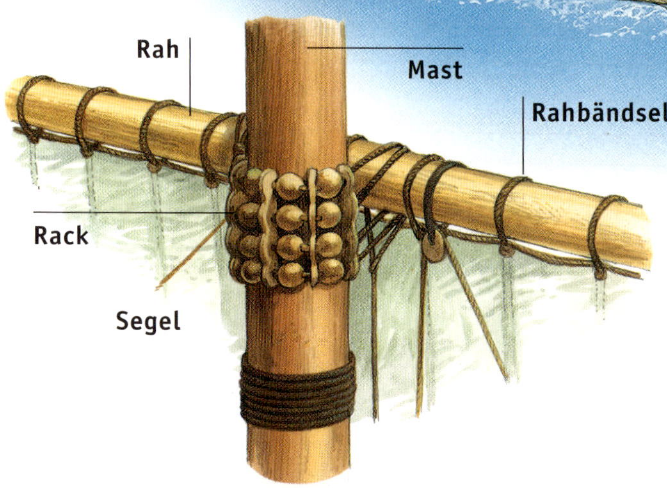

Dein Schiff wird vom Rudergänger gesteuert, indem er eine lange Stange, den Kolderstock, bewegt, der über eine Reihe von Holzstangen mit dem Ruder am Achterschiff verbunden ist. Der Rudergänger steht auf einer Plattform unter Deck und hat durch ein Loch im Deck freien Blick auf die Segel. Er befolgt die Anweisungen des Steuermanns.

Der Wind liefert die Kraft, die dein Schiff vorwärtstreibt. Zum Steuern müsst ihr die Segelposition verändern und gleichzeitig das Ruder einsetzen. Auch die Geschwindigkeit lässt sich – bis zu einem gewissen Grad – mithilfe der Segel verändern. Wenn du zum Beispiel langsamer segeln möchtest, verringere die Segelfläche, indem du entweder die Rahen parallel zum Wind stellst oder das Segel einholst (verkürzt).

Wenn die Masten in einem noch spitzeren Winkel zum Wind stehen, kann das Schiff eine noch engere Drehung machen.

Diese Männer ziehen an den Brassen, um die Rah zu drehen.

Mit den Brassen – Taue, die am Ende der Rahen befestigt sind – werden die Segel gedreht. Um den Wind optimal auszunutzen, solltest du die Rahen so stellen lassen, dass sie senkrecht zur Windrichtung stehen und dadurch den vollen Wind abbekommen. Wenn du die volle Windkraft nicht brauchst, weil du entweder die Geschwindigkeit verlangsamen oder deine Position halten möchtest, dann richte die Segel parallel zur Windrichtung aus.

Meuterer und Piraten

Mit so vielen Menschen an Bord musst du unbedingt darauf achten, dass strenge Disziplin unter deinen Leuten herrscht und jedes Vergehen sofort und gerecht bestrafen. Arbeite dabei eng mit dem Hauptmann der Soldaten zusammen, um sicher zu sein, dass auch er seine Männer unter Kontrolle hat. Bedenke außerdem, dass deinem Schiff auch Gefahren von außen drohen können. Es besteht immer das Risiko, dass ihr von Piraten oder Freibeutern überfallen werdet.

Beauftrage Offiziere, denen du vertraust, die Stimmung der Mannschaft aufmerksam zu beobachten. Seeleute schimpfen oft laut über ihr hartes Leben, aber sobald ihre Beschwerden zur Meuterei zu werden drohen, musst du sofort eingreifen.

Beim ersten Zeichen von Aufruhr musst du durch den Kapitän alle Rädelsführer verhaften und im Frachtraum einsperren lassen, wo sie so weit wie möglich von den anderen Matrosen entfernt sind. So kann sich ihre Unzufriedenheit nicht auf die anderen übertragen, und sie bekommen die Gelegenheit, über ihr Verhalten nachzudenken. Dann kannst du entscheiden, ob du ihnen eine Tracht Prügel verabreichen lässt und sie wieder an ihre Arbeit zurückschickst oder ob du sie im nächsten Hafen offiziell anklagen willst.

Die Matrosen müssen jederzeit Ausschau nach feindlichen Schiffen halten und dir sofort Bescheid geben, wenn sie ein verdächtig aussehendes Schiff erspähen.

Wenn ihr von feindlichen Schiffen angegriffen werdet, habt ihr drei Möglichkeiten: Ihr könnt fliehen (doch ein schnelles Piratenschiff würde euch sicherlich einholen), ihr könnt euch ergeben und hoffen, dass der Feind dein Schiff und euer Leben schont, oder ihr könnt kämpfen. Wenn die Angreifer bei ihrem Überfall sehr entschlossen vorgehen, ist es oft am besten, sich zu ergeben.

Wenn du meinst, dass du ausreichend vorbereitet bist, kannst du dich auch zum Kampf entschließen. Schicke deine Kanoniere auf ihren Posten und befehle deiner Mannschaft, Finken- oder Enternetze über das Deck zu spannen. Wenn die Angreifer so nah herangekommen sind, dass sie auf dein Schiff stürmen, verfangen sie sich zunächst in diesen Netzen und ihr habt so die Gelegenheit, sie zu überwältigen. Bringe dein Schiff vor dem Bug des Piratenschiffs in Stellung und feuere eine Salve ab. Das nennt man Harken. Wenn du gut triffst, reißt der Rumpf des Piratenschiffs vom Bug bis zum Heck auf.

Wenn ihr nicht fliehen könnt, habt ihr die Möglichkeit, den Feind unter Kanonenbeschuss zu nehmen und euch so den Weg freizuschießen.

Stürme und Schiffbruch

Stürme und Unwetter sind eine weitere Gefahr auf jeder Seereise. Besonders an der Südküste Afrikas ist die See sehr rau, vor allem zu bestimmten Jahreszeiten. Wenn du deine Ankunftszeit in diesen Gewässern gut geplant hast, solltest du den schlimmsten Stürmen entgehen, aber selbst dann musst du auf alles vorbereitet sein. Sorge dafür, dass deine Matrosen bestens ausgebildet sind, damit sie die Segel, wenn es gefährlich wird, in Windeseile bemannen können. Dein Ausguck soll dich sofort warnen, wenn er schlechtes Wetter aufziehen sieht.

Der Bootsmann befiehlt der Mannschaft, die Segel zu reffen.

Gib deinem Bootsmann beim ersten Anzeichen für schlechtes Wetter den Befehl, die Segel teilweise einzuholen und so zu setzen, dass das Schiff nicht vom Wind in alle möglichen Richtungen geschleudert wird und die Segel nicht vom Sturm zerfetzt werden. Etwas Segelfläche brauchst du allerdings noch, damit du das Schiff steuern kannst. Wenn du nämlich gar keine Segel mehr gesetzt hast, wird dein Schiff wie eine Nussschale auf dem Meer hin und her geworfen.

Das Sprietsegel wurde vom Sturm zerfetzt.

Wenn ihr in einen schlimmen Sturm geraten seid, kannst du einen Schiffbruch auf verschiedene Arten verhindern. Lasse alle offenen Feuer an Bord löschen, damit es keinen Brand gibt, und lasse die Lenzpumpen rund um die Uhr arbeiten, damit Wasser, das ins Schiff gelaufen ist, gleich wieder herausgepumpt wird.

Wenn das Schiff dennoch zu sinken droht, musst du den Passagieren und der Mannschaft als letzte Rettung den Befehl geben, Ballast über Bord zu werfen. Das kann bedeuten, dass ihr Kanonen, Munition, Proviant und, wenn ihr bereits auf der Rückreise seid, sogar kostbare Ladung opfern müsst.

Sinkendes Schiff

Barkasse

Wenn du das große Pech hast, das Schiff aufgeben zu müssen, versuche zunächst so viele Menschen wie möglich mit der Barkasse von Bord zu bringen. Wenn ihr in Ufernähe seid, schafft ihr es vielleicht, mehrere Male zwischen dem Schiff und dem Strand hin- und herzufahren. Sammelt anschließend so viel wie möglich von dem Proviant und den Vorräten auf, die an den Strand gespült wurden. Danach müsst ihr ins Landesinnere marschieren und menschliche Ansiedlungen suchen.

Seide und Gewürze

Gratuliere! Ihr habt alle Gefahren der Reise sicher überstanden und seid wohlbehalten im geschäftigen Hafen von Goa eingelaufen. Wenn du deine Ankunftszeit gut geplant hast, kannst du dir jetzt einige Wochen Zeit nehmen, um dein Schiff zu beladen und dich auf die Heimreise vorzubereiten. Veranlasse, dass alle notwendigen Reparaturen am Schiff sofort in Angriff genommen werden, und wenn du auf der Hinfahrt einige Matrosen durch Krankheit oder Verletzungen verloren hast, musst du den Kapitän beauftragen, neue Leute anzuheuern. Er soll auch den Proviant und die Wasservorräte einkaufen. Schließlich musst du die Waren eintauschen, die du aus Europa mitgebracht hast, und Pfeffer und die anderen Luxusgüter besorgen, auf die dein König wartet.

Du musst darauf achten, dass der Pfeffer für den König in Ordnung ist. Überprüfe das Gewicht und die Qualität in Gegenwart der indischen Kaufleute und des Stellvertreters des Königs. Der Pfeffer darf auf keinen Fall feucht oder verschmutzt sein. Wenn du mit der Qualität zufrieden bist, kannst du ihn aufs Schiff bringen und verladen lassen. Auch deine Mannschaft kann auf den geschäftigen Märkten Gewürze, Seide und Porzellan einkaufen, um sie mit nach Hause zu nehmen und dort mit gutem Gewinn zu verkaufen.

Weil ihr alle, du, deine Passagiere und die Matrosen, so viel wie möglich an Waren und Ladung mit nach Hause nehmen wollt, ist die Versuchung groß, das Schiff zu überladen. Das musst du aber unbedingt verhindern, da ein überladenes Schiff nicht stabil ist, und ihr riskiert, dass es in der rauen See am Kap der Guten Hoffnung sinkt. Lass dich auch nicht von Passagieren bestechen, die sich zusätzlichen Laderaum erkaufen wollen. Belade dein Schiff sorgfältig und setze spätestens an Weihnachten die Segel, um sicher nach Portugal zurückzukehren. Die gefährliche Reise nach Goa hast du auf jeden Fall gut gemeistert!

Zeittafel

Vasco da Gama

Im 15. Jahrhundert war Portugal das erste europäische Land, das Seefahrer ausschickte, um die Welt jenseits von Europa zu erkunden. Unterstützt durch ein Mitglied der königlichen Familie – Prinz Heinrich – der auch „der Seefahrer" genannt wird – machte Portugal wichtige Entdeckungen in Nord- und Westafrika. Als die muslimischen Herrscher dann Mitte des 15. Jahrhunderts die Seidenstraße, die Handelsstraße zwischen Asien und Europa, sperrten, machte sich Portugal daran, stattdessen einen Seeweg in den Osten zu finden, der um die Südspitze Afrikas führte.

1478 segelte Bartholomeu Dias als erster Europäer um das Kap der Guten Hoffnung. Zehn Jahre später entdeckte Vasco da Gama eine Route, die um Afrika herum, über den Indischen Ozean und weiter nach Indien führte. Portugal richtete unverzüglich in Indien Kolonien ein und betrieb von dort aus einen schwunghaften Handel mit Südostasien, China und Japan. Insbesondere der Handel mit Gewürzen brachte dem Land große Reichtümer und gewaltige Macht. Portugal beherrschte während des größten Teils des 16. Jahrhunderts den Seeweg von Lissabon nach Indien.

1394
Heinrich der Seefahrer, Sohn von König Johann I. von Portugal, wird geboren.

1415
Portugal erobert Ceuta an der Nordküste von Afrika (Marokko), ein wichtiges Zentrum des Gewürzhandels.

1419
Der portugiesische Seefahrer João Gonçalves Zarco entdeckt die Madeira-Inseln neu.

1427
Entdeckung der Azoren-Inseln im Nordatlantik.

1434
Die portugiesische Erkundung der afrikanischen Westküste beginnt.

1450
Prinz Heinrich der Seefahrer richtet eine Seefahrtsakademie ein, an der Navigation, Kartenlesen und Kartografie unterrichtet werden.

1453
Die Türken erobern Konstantinopel und sperren alle Landhandelswege von Asien nach Europa.

1487
Bartholomeu Dias führt eine portugiesische Expedition, die das Kap der Guten Hoffnung umschifft.

1492
Christoph Columbus, der unter spanischer Flagge segelt, entdeckt Amerika neu.

Die Schiffe von Columbus segeln über das Meer.

An Bord des Schiffs von Magellan

1494
Spanien und Portugal unterzeichnen den Vertrag von Tordesillas und teilen darin alle neu entdeckten Länder untereinander auf. Spanien stehen alle Länder westlich einer Linie zu, die von Norden nach Süden mitten durch den Atlantik gezogen wird, während Portugal Anspruch auf alle neuen Länder östlich dieser Linie erheben darf.

1497 – 1498
Vasco da Gama umrundet das Kap der Guten Hoffnung und erreicht Indien. Dadurch eröffnet er eine wichtige Handelsroute in den Osten.

1500
Der spanische Seefahrer Pedro Alvares Cabral entdeckt Brasilien.

1502
Amerigo Vespucci, ein Italiener, der unter portugiesischer Flagge segelt, kehrt aus Amerika zurück. Nord- und Südamerika werden nach ihm benannt.

1511
Portugal übernimmt die Herrschaft über die Gewürzinseln (Maluku oder Molukken) in Indonesien.

1519
Ferdinand Magellan unternimmt für Spanien die erste Seereise rund um die Welt.

1521
Hernando Cortés unterwirft im Namen Spaniens das Aztekenreich in Mexiko.

1530
Portugal gründet Kolonien in Brasilien.

1533
Francisco Pizarro unterwirft im Namen Spaniens das Inkareich in Südamerika.

1542
Portugiesische Seeleute landen als erste Europäer in Japan.

1580
Phillip II. von Spanien besiegt Portugal in der Schlacht von Alcantara und vereinigt die beiden Länder. Trotzdem bleibt Portugal relativ unabhängig, und der Indienhandel geht wie zuvor weiter.

1599
Holland gründet die ersten niederländischen Handelskontore auf den Gewürzinseln.

17. Jahrhundert
Holland übernimmt allmählich von Portugal die Herrschaft über den Gewürzhandel.

Cortés reitet in die Hauptstadt der Azteken ein.

Glossar

Achtern, Achter- Auf der hinteren Seite des Schiffs.

Äquator Ein gedachter Kreis, den man sich in der Mitte zwischen dem Nord- und Südpol um die Erde gespannt vorstellt.

Astrolabium Ein Navigationsinstrument, mit dem man den Stand der Sonne und der Sterne messen kann und das zur Berechnung des Breitengrades benutzt wird.

Ballast Schwere Gegenstände, zum Beispiel Steine, die man weit unten im Schiff verstaut, um es im Wasser zu stabilisieren.

Barkasse Das größte Beiboot auf einem Schiff.

Bilge Die tiefste Stelle im Schiff, an der sich das Wasser sammelt, das in den Schiffskörper eingedrungen ist. Die Bilge muss regelmäßig mit den Lenzpumpen geleert werden.

Breitengrad Der Abstand nördlich oder südlich zum Äquator. Der Äquator hat null Grad Breite. Der Nordpol hat 90 Grad nördlicher Breite, der Südpol 90 Grad südlicher Breite.

Freibeuter Ein Schiff und seine Mannschaft, die von einem Herrscher die Erlaubnis bekommen hat, die Schiffe eines anderen Landes anzugreifen und zu plündern.

Kalfatern Die Fugen zwischen den Schiffsplanken mit Werg (Pflanzenfasern) und Teer (Pech) abdichten.

Eine Bande von Freibeutern

Rahsegel

Karacke Großes Schiff mit rechteckigen Segeln und zwei bis vier Masten, das in Portugal auch Nau genannt wurde. Im 15. und 16. Jahrhundert wurde es von Spaniern und Portugiesen als Handelsschiff eingesetzt.

Kastell Aufbau auf dem Schiff, es gibt Vorder- und Achterkastell.

Kolderstock Eine senkrecht angebrachte Stange, die mit dem Ruder verbunden ist und mit der das Schiff gesteuert wird.

Kompass Ein Navigationsinstrument mit einer magnetischen Nadel, die immer nach Norden zeigt.

Kreuzstab oder Jakobsstab Ein Instrument, mit dem man den Stand der Sonne oder der Sterne messen kann. Es besteht aus einem Stab und einem, zwei oder drei verschiebbaren Querbalken.

Längengrad Der Abstand östlich oder westlich von einer gedachten Linie, die vom Nordpol zum Südpol durch Greenwich in England verläuft. Greenwich hat null Grad Länge.

Lateinsegel Ein dreieckiges Segel, das schräg zum Mast gesetzt wird.

Lenzpumpe Pumpe, mit der Wasser aus der Bilge gepumpt wird.

Logbuch Schiffstagebuch.

Logleine Eine mit Knoten versehene Schnur zur Messung der Geschwindigkeit eines Schiffs. Ein Stück Holz, das an der Logleine hängt, wird ins Wasser gelassen. Die Anzahl der Knoten, die in einer bestimmten Zeit abgespult werden, ist ein Maß für die Geschwindigkeit des Schiffs.

Lot Ein Seil mit Markierungen, an dem ein Bleigewicht hängt und mit dem man die Wassertiefe ermittelt.

Mast Eine senkrecht aufgestellte Stange, die aus Holz oder Metall gemacht ist und an der die Rahen und Segel angebracht sind.

Nau Siehe Karacke.

Navigation Generell das Führen eines Schiffs sowie das Bestimmen und Aufzeichnen der Route eines Schiffs. Die Bestimmung der Position eines Schiffs mit Navigationsinstrumenten wie zum Beispiel dem Kompass, dem Kreuzstab und dem Astrolabium.

Passatwinde Starke Ostwinde, die auf der Nordhalbkugel aus Nordosten und auf der Südhalbkugel aus Südosten wehen.

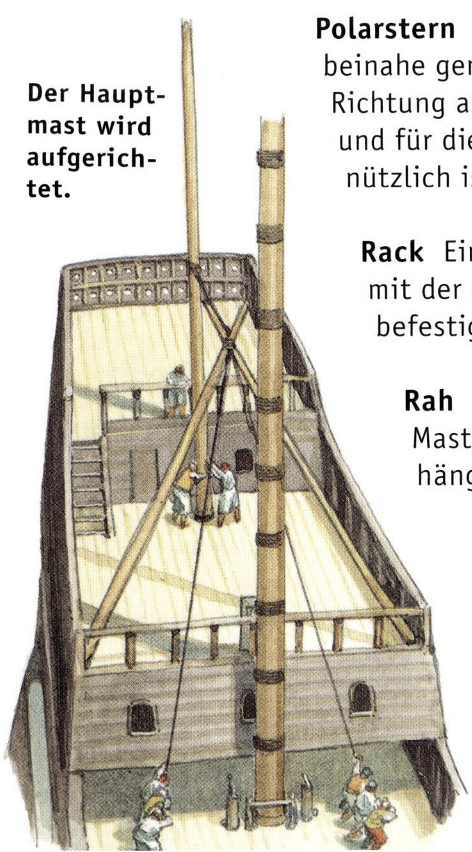

Der Hauptmast wird aufgerichtet.

Polarstern Ein Stern, der beinahe genau in nördlicher Richtung am Himmel steht und für die Navigation sehr nützlich ist.

Rack Eine Dreheinrichtung, mit der die Rah am Mast befestigt ist.

Rah Die Querstange am Mast, an der das Segel hängt.

Sanduhr

Ruder Eine Vorrichtung, die am Hinterschiff befestigt ist und mit der die Richtung des Schiffs bestimmt wird.

Rudergänger Eine Person, die auf Befehl des Steuermanns die Position des Ruders ändert.

Sanduhr Ein Gerät, mit dem man die Zeit messen kann: Zwei mit Sand gefüllte Glaskugeln sind durch einen dünnen Hals miteinander verbunden. Der Sand rieselt innerhalb einer bestimmten Zeit von der oberen in die untere Kugel.

Segel Ein Tuch, das in verschiedenen Formen und Größen zusammengenäht ist (z. B. rechteckig oder dreieckig) und so geformt ist, dass es den Wind einfängt und mit dieser Windkraft ein Schiff antreibt.

Seidenstraße Landhandelsweg zwischen Asien und Europa.

Skorbut Eine Krankheit, die durch Mangel an Vitamin C verursacht wird, das hauptsächlich in frischem Obst und Gemüse vorkommt. Viele Seeleute erkrankten früher vor allem auf langen Seereisen an Skorbut, da es kein frisches Obst und Gemüse auf dem Schiff gab.

Steuermann Die Person, die ein Schiff navigiert.

Takelage Die gesamte Segeleinrichtung eines Segelschiffs, das heißt die Masten mit dem Tauwerk, die Rahen und die Segel, die an ihnen befestigt sind.

Register